Paulo D'Alba

Origami
Kreatives Falten

CHRISTOPHORUS
BRUNNEN-REIHE

Inhalt

Spaß mit Origami

Origami ist die Kunst des Papierfaltens: Ein zweidimensionales Stück Papier verwandelt sich in eine faszinierende plastische Figur. Wer erst einmal erfahren hat, wie viel Spaß das Papierfalten macht, wird immer weiter in die Welt des Origami eindringen wollen.
Dieses Buch ist nicht nur für Origami-Kenner gedacht, sondern auch für Einsteiger, die zum ersten Mal Papier falten. Bei allen vorgestellten Figuren ist jeweils der Schwierigkeitsgrad angegeben. Die einfacheren Figuren bieten Ihnen die Möglichkeit, erst einmal die unterschiedlichen Faltungen und Faltsymbole kennen zu lernen. Die Faltanleitungen sind auf den Vorlagebogen Schritt für Schritt abgebildet. Die Symbole werden im Buch auf den Seiten 4 bis 5 gezeigt und erklärt. Wenn Sie diese Seiten beim Falten aufgeschlagen lassen, können Sie die Bedeutung der Symbole immer schnell nachlesen. Mit der Zeit werden Sie diese Hilfestellung nicht mehr brauchen. Dann fallen Ihnen beim Falten bestimmt auch eigene Variationsmöglichkeiten ein. Viel Freude beim Falten!

Paulo D'Alba

Das Papier

Es gibt viele Papiersorten, die sich zum Falten eignen. Grundsätzlich sollte das Papier zwar dünn, aber auch fest sein, damit die Faltungen ihre Form behalten. Im Fachhandel werden spezielle, bereits zugeschnittene Falt- und Origamipapiere angeboten. Es gibt einseitig gefärbte oder gemusterte Papiere und solche, die auf Vorder- und Rückseite unterschiedlich eingefärbt sind. Auch viele Geschenkpapiere lassen sich sehr gut falten. Zum Üben eignet sich Kopierpapier.

Faltsymbole

Auf den Vorlagebogen finden Sie die Schritt-für-Schritt-Zeichnungen für die vorgestellen Figuren. Die verwendeten Faltsymbole werden hier erklärt. Am besten lassen Sie diese Seiten beim Falten stets aufgeschlagen.

Talfalte (nach vorn falten)

Bergfalte (nach hinten falten)

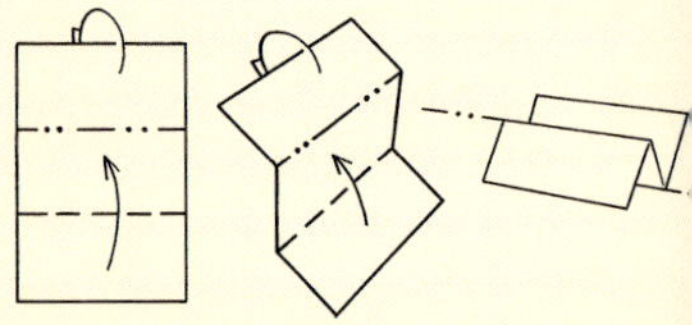

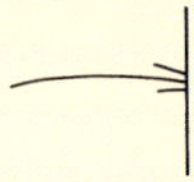

nach vorn einstecken

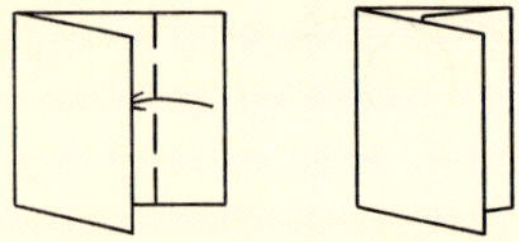

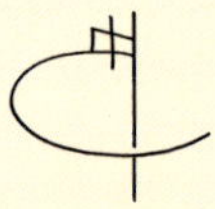

nach hinten einstecken

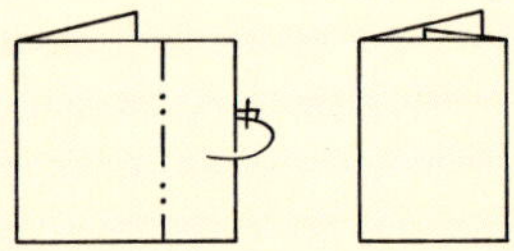

falten und wieder entfalten

vorhandene Falte

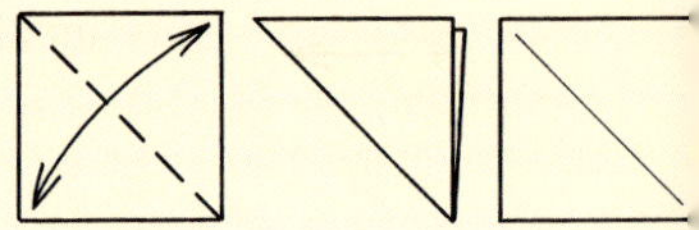

nicht sichtbare Papierkante oder Falte

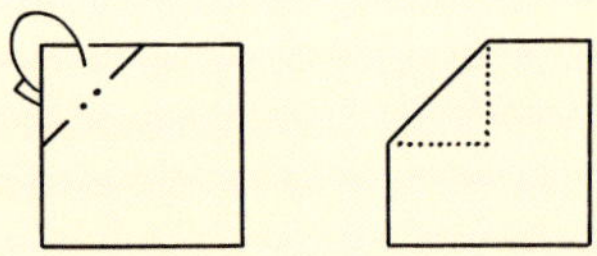

Punkte übereinander legen

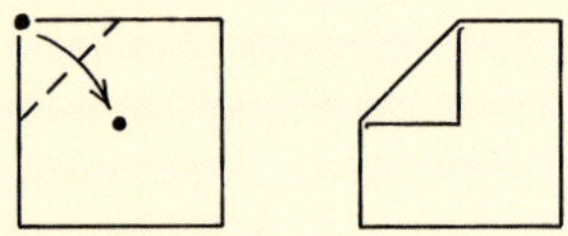

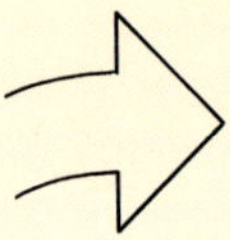

herausziehen bzw. Faltung entfalten

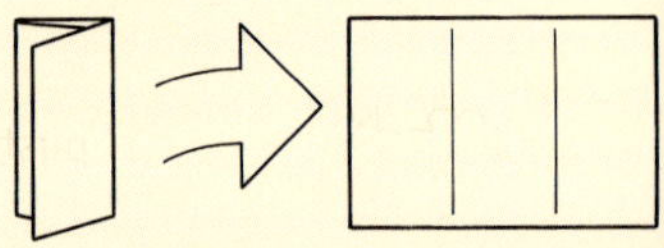

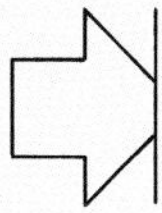

Faltung öffnen

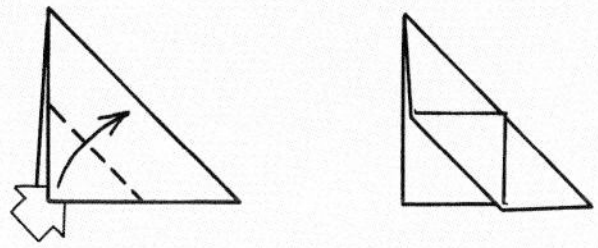

vergrößerte Ansicht

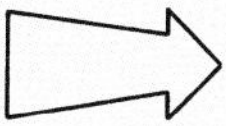

verkleinerte Ansicht

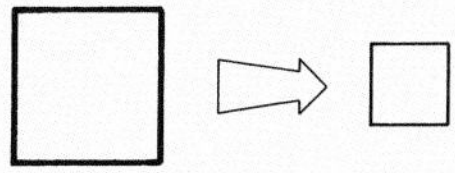

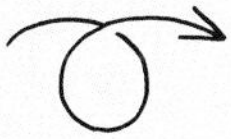

Figur umdrehen

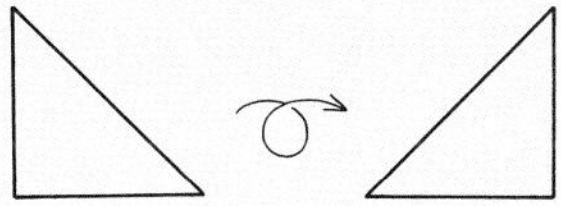

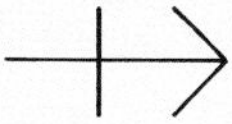

die andere(n) Seite(n)/
Ecke(n) ebenso falten

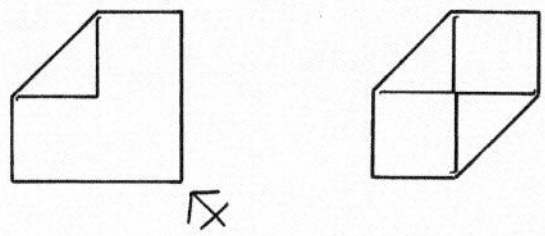

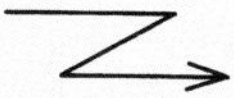

im Zickzack falten

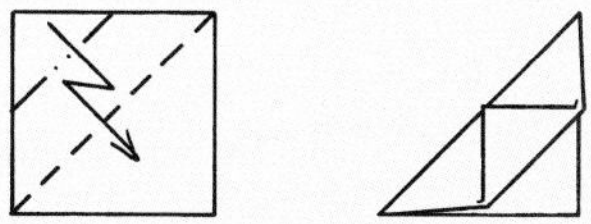

Gegenbruchfalte nach innen

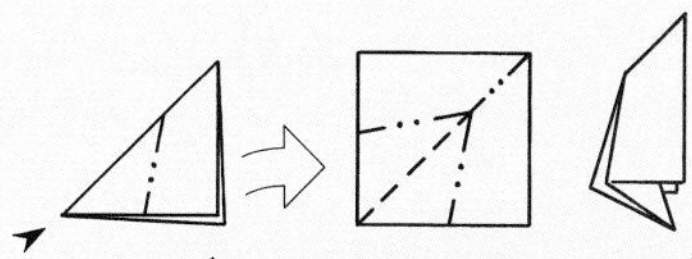

Gegenbruchfalte nach außen

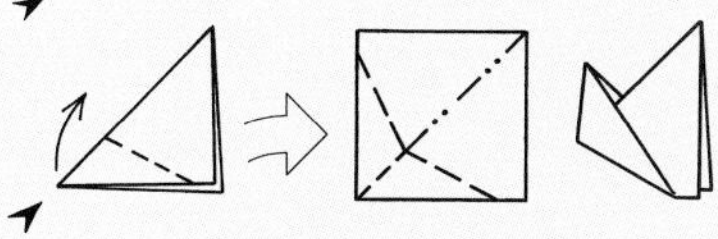

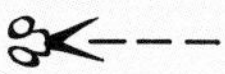

schneiden

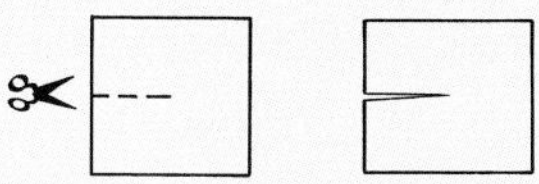

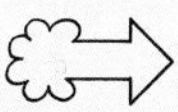

pusten oder in Form bringen

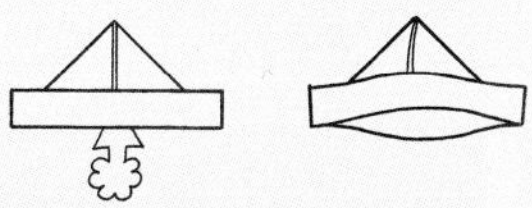

Delfin

Schwierigkeitsgrad

★★

Material

- Faltpapier, 90 - 100 g, beidseitig gefärbt, in Blau, Grau, Rot
- Schere

Papiermaß

- 15 x 15 cm oder 20 x 20 cm

Vorlage A

Tipps & Tricks

- Schauen Sie sich beim Falten nicht nur den jeweiligen Schritt der Anleitungszeichnung an, sondern auch den vorhergehenden und den nachfolgenden.

- Bei schwierigen Schritten hilft es, die Faltlinien auf der Figur leicht vorzuzeichnen.

- Beginnen Sie die Falten immer an den Spitzen der Winkel; der Rest wird einfach nachgezogen.

- Markieren Sie die Falten mit den Fingerspitzen vor. Erst wenn Sie ihre Richtigkeit mit einem Blick auf den nächsten Schritt überprüft haben, ziehen Sie sie mit den Fingernägeln nach.

- Ist die Falte schon am Anfang schlecht gezogen, wird die Ungenauigkeit mit jedem Schritt größer. Wenn das passiert, gehen Sie am besten die gleichen Schritte in umgekehrter Reihenfolge zurück oder fangen sogar von vorne an.

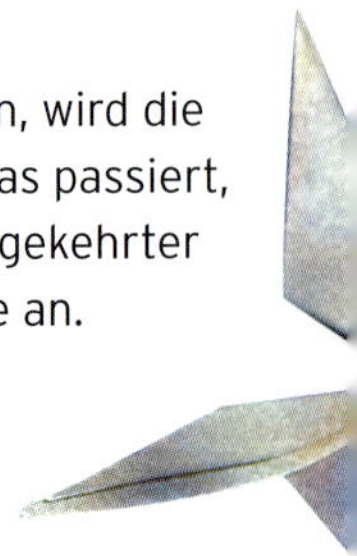

Hinweis

Bei jeder Figur ist der Schwierigkeitsgrad angegeben:

★	*gelingt leicht*
★★	*etwas schwieriger*
★★★	*erfordert etwas Geduld*
★★★★	*komplex*

Ball

Schwierigkeitsgrad

★

Material

- kräftiges, eng geripptes Papier, z. B. Natronkraftpapier (Geschenkpapier), 60 g, einseitig bedruckt oder gefärbt

Papiermaß

- 20 x 20 cm

Vorlage B

Schwierigkeitsgrad

★

Material

- extra starkes Transparentpapier, 120 g
- selbstklebende Markierungspunkte in Schwarz, 12 mm Ø
- Bürolocher
- Filzstift in Schwarz

Papiermaß

- 10 x 10 cm

Vorlage C

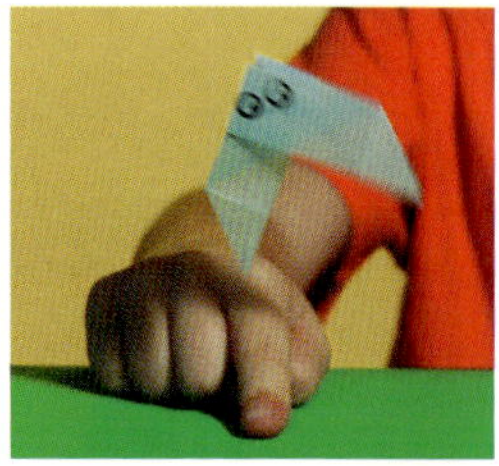

Fliege

Mit etwas Übung bringen Sie die Fliege dazu, dass sie einen Salto schlägt:

Die rechte Hand auf den Tisch legen. Mit dem Zeigefinger kräftig auf die Spitze der Fliege schlagen. Sie fliegt nach rechts, manchmal schafft sie mehr als zwei Meter. Oft passiert es, dass die Fliege nach einer oder mehreren Umdrehungen in der Luft an derselben Stelle wieder landet.

Auto

Schwierigkeitsgrad

★★

Material

- Faltpapier, 60 – 70 g, beidseitig gefärbt, in Rot, Gelb, Blau

Papiermaß

- 10 x 10 cm oder 15 x 15 cm

Vorlage D

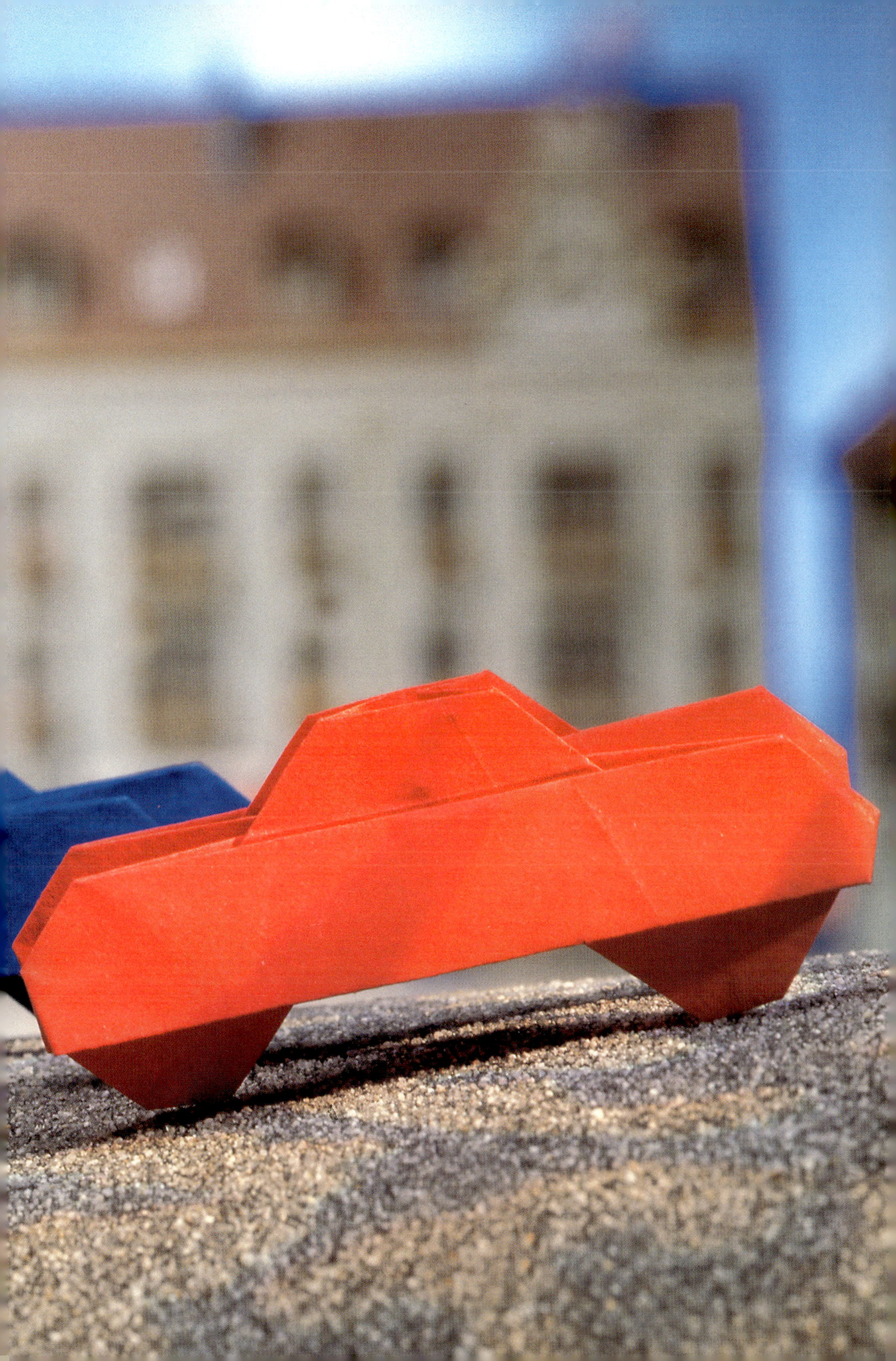

Schwierigkeitsgrad

★

Material

- Origamipapier, 40 g, einseitig bedruckt oder gefärbt

Papiermaß

- 10 x 10 cm oder 15 x 15 cm

Vorlage E

Hubschrauber

Für einen Flugwettbewerb bietet dieser Hubschrauber diverse Möglichkeiten: Welcher fliegt am längsten oder am weitesten? Welcher trifft das auf dem Fußboden markierte Ziel?

So gelingt der Abwurf: Den Hubschrauber mit Zeigefinger und Daumen an einem Flügel festhalten und ohne Schwung fallen lassen. Beim Wegziehen der Hand darauf achten, dass sie den Hubschrauber nicht berührt.

Tipp

Wenn Sie diesen Hubschrauber aus leichtem Papier falten, wird er sich sofort in Höchstgeschwindigkeit drehen und nach unten fallen. Sonst braucht er eine längere Flugphase, bis sich die Flügel drehen, d. h. er muss von einem höheren Standort, z. B. von einem Balkon aus, abgeworfen werden.

Boot

Schwierigkeitsgrad

★★

Material

- wasserabweisendes Papier, 110 g, beidseitig gefärbt, in Rot, Gelb, Blau-Grün

Papiermaß

- 20 x 20 cm

Vorlage F

Tiger

Schwierigkeitsgrad

★

Material

- 3 Blatt Faltpapier, 60 g, beidseitig gefärbt, in Gelb-Weiß
- Filzstift in Schwarz
- Klappkarte
- Klebstoff

Papiermaß

- 15 x 15 cm

Vorlagen G1 - G3

Herz

Schwierigkeitsgrad

★

Material

- Faltpapier, 60 g, beidseitig gefärbt, in Rot
- Klappkarte

Papiermaß

- 15 x 15 cm

Vorlage H

Tiger

(Autor: Yamaguchi)

Die drei gefalteten Teile übereinander kleben und trocknen lassen. Mit Filzstift Streifen aufmalen. Den Tigerkopf auf die Klappkarte kleben.

Herz

Das Herz flach auf die Karte kleben oder plastisch ausformen.

Tipp

Ein kleines Foto vorn einlegen oder in der Mitte des Herzens verstecken.

Wurfring

Schwierigkeitsgrad

★★

Material

- kräftiges Papier, z. B. gemustertes Packpapier, 130 g, einseitig bedruckt

Papiermaß

- 100 x 20 cm

Vorlage I

Robbe

Schwierigkeitsgrad

★★

Material

- Faltpapier, 60 g, einseitig gefärbt, in Schwarz, Blau

Papiermaß

- 10 x 10 cm oder 15 x 15 cm

Vorlage J

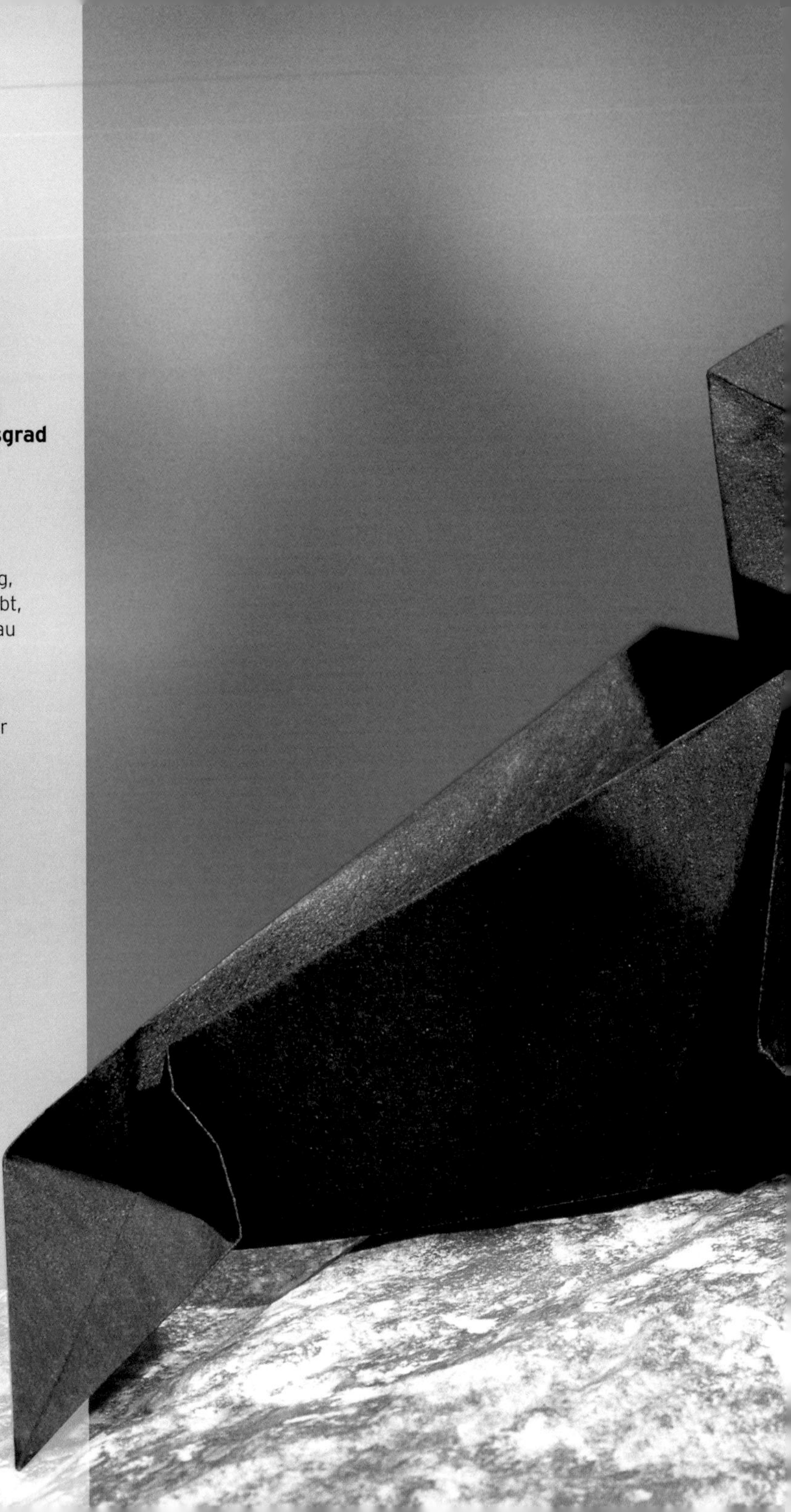

Käfer

Schwierigkeitsgrad

★★★

Material

- Faltpapier, 60 g, beidseitig gefärbt, in Rot-Schwarz
- selbstklebende Markierungspunkte in Schwarz, 12 mm ∅

Papiermaß

- 15 x 15 cm

Vorlage K

Gans

Schwierigkeitsgrad

★★★

Material

- Origamipapier, 40 – 50 g, beidseitig gefärbt, in Weiß-Rot, Weiß-Orange

Papiermaß

- 15 x 15 cm

Vorlage L

Drache

Schwierigkeitsgrad

★★★★

Material

- kräftiges Papier, z. B. Elefantenhaut, 110 g, beidseitig gefärbt, in Rot, Grün

Papiermaß

- 20 x 20 cm bis 70 x 70 cm

Vorlage M

Schnecke

Schwierigkeitsgrad

★★★★

Material

- Origamipapier, 50 – 60 g, beidseitig gefärbt, in Blau-Grün, Rot-Blau

Papiermaß

- 25 x 25 cm

Vorlage N

Impressum

ISBN 3-419-56383-3

Lektorat und Produktion:
Elke Fox, Freiburg

Styling und Fotos:
Christoph Schmotz, Freiburg

Covergestaltung und Layoutentwurf:
Network!, München

Coverrealisierung:
smp, Freiburg

Druck:
Freiburger Graphische Betriebe

Wir sind für Sie da, wenn Sie Fragen haben. Und wir interessieren uns für Ihre eigenen Ideen und Anregungen. Schreiben Sie uns, wir hören gerne von Ihnen!

Ihr Christophorus-Verlag

Christophorus-Verlag GmbH
Hermann-Herder-Str. 4
79104 Freiburg
Tel.: 0761/ 27 17-0
Fax: 0761/ 27 17-3 52
oder e-mail:
info@christophorus-verlag.de

Aus der Brunnen-Reihe

3-419-56153-9

3-419-56280-2

3-419-56251-9